AF229034

DE LA
GARDE NATIONALE

EN 1831,

et particulièrement

DE LA
GARDE NATIONALE DE PARIS.

PAR F. L.

Paris.

CHEZ LES MARCHANDS DE NOUVEAUTÉS.

—

1831.

DE LA
GARDE NATIONALE

EN 1851,

ET PARTICULIÈREMENT

DE LA GARDE NATIONALE DE PARIS.

———

La création de la garde nationale fut l'accomplissement d'une de ces idées qui viennent au secours des empires, et les secondent heureusement dans le travail de leur régénération et dans la conquête de la liberté.

Mais les institutions les plus ingénieuses et les plus opportunes peuvent dévier et manquer leur but ; les accidens du hasard, les combinaisons de la politique, l'action du temps, les passions des hommes sont là pour fausser et dénaturer ce qui semblait créé pour arriver à une fin bonne, utile et conséquente au principe qui l'enfanta.

Or, en 1831, la garde nationale est emportée hors de sa route et jetée dans des voies mauvaises.

Nous nous hâtons de le dire : ceci n'est pas une proposition tellement entière qu'elle proscrive toute exception, et confonde dans une remarque générale et hostile un corps dont plusieurs membres se ravisent déjà et se demandent s'il n'y a pas erreur autour d'eux.

Quand la garde nationale naquit, l'ennemi était à nos portes, et tandis que tout ce qui avait jeunesse, courage et bonne volonté, courait en foule à la frontière, il fallut, à l'intérieur, mettre en action d'autres défenseurs prêts à élever de nouvelles barrières où se briserait l'ennemi : cela était bien et cela était beau.

Lorsque juillet 1830 arriva, et que sur le pavé sanglant une nouvelle souveraineté fut proclamée, la souveraineté du peuple, tout citoyen qui avait en lui intelligence et raison se dit que la guerre était imminente, et que le gant était jeté au droit divin jusqu'à ce que mort s'ensuivît : alors on se prépara de bon cœur à ce duel, d'autant mieux qu'on savait bien de quel côté serait la victoire, et que les peuples n'attendaient pas d'autre signal que de voir apparaître le drapeau tricolore. Cette conviction de la guerre était donc justifiée; elle ressortait invinciblement de notre position. Rien ne semblait pouvoir détruire cette condition indispensable de notre révolution ; rien, pas même la volonté du génie, si le génie s'était emparé de ce large mouvement : et voyez, pourtant, à quoi servent nos prévisions! le *juste-milieu* apparut, et tout changea de face; le *juste-*

milieu que nous n'attendions ni vous, ni moi, et qui naquit comme la souris dans les flancs de la montagne dont parle la fable. Singulière parade substituée par fraude à la place du drame en face du public surpris et indigné.

Quoi qu'il en soit, dans ces premiers momens d'enthousiasme, de liberté, de franchise, tandis que le soleil de juillet brillait encore dans toute son ardeur, que sur la place publique ébranlée de fortes voix chantaient *la Marseillaise*, et qu'en échange de leurs projets de despotisme on voulait jeter la terreur aux rois; enfin achever cette œuvre de l'émancipation des peuples que la Providence et la civilisation semblaient avoir réservée à la France comme à une terre privilégiée, alors on cria ! *Aux bords du Rhin* : et pour que ce torrent qui allait se précipiter sur la frontière ne laissât pas les foyers de la patrie sans défenseurs, la voix de l'homme des deux mondes se fit entendre, et la garde nationale fut réorganisée : comme en 89, cela était bien et cela était beau. Maintenant, voyons quelle différence il faut remarquer à propos de la garde nationale à ces deux époques.

La première révolution s'accomplit toute entière selon ses causes, selon sa nature, selon ses moyens; elle alla à son but franchement et à travers les orages qu'elle devait soulever : des hommes forts vinrent à son aide; ils comprirent ce qu'il fallait, ils exécutèrent leur mandat sans peur ; ils furent si grands, si désintéressés et si courageux, que, par un dévouement rare et noble, ils sacrifièrent jusqu'à leur mémoire ; ils consentirent à ce que le tombeau même ne fût pas pour eux un asile, et, certains que leurs actes seraient calomniés, ils virent qu'ils faisaient bien, et ils marchèrent *quand même !*... Le peuple eut foi en eux ; il s'étonna peut-être quelquefois des mesures que prenaient ces géans ; mais son instinct lui fit deviner que tout était pour le mieux, et il suivit ses guides avec confiance. Bien entendu que la garde nationale en fit autant, car alors elle était peuple plus parfaitement qu'aujourd'hui : elle marcha à l'ennemi lorsque le cas advint ; elle se battit à l'intérieur avec les factions ; elle défendit les principes de 89, de 91, de 93 ; elle fut armée pour les décrets de la Convention, comme elle l'était contre les anti-révolutionnaires ; elle veilla à l'exécution des arrêts de cette immortelle assemblée. Au 21 janvier, elle parut l'arme au bras sur la place de la Révolution, et assista tout naturellement à cet acte qu'elle comprenait et dont elle sentait toute la portée.

Au contraire, la révolution de juillet a été détournée de sa route ; ses principes ont été méconnus, et, à leur place, les individus sont venus mettre en action leurs systèmes décrépits et renouvelés des temps que nous voudrions pouvoir effacer de notre histoire; le mouvement de tout un peuple a tourné tout entier au profit de quelques hommes, hommes de tous les pouvoirs et de toutes les époques, usés dans les antichambres de tous les maîtres qui se sont succédés, et tellement faits à se courber qu'ils ne peuvent comprendre que nous prétendions nous tenir debout et regarder en face; et cette issue d'une révolution serait vraiment inconcevable et désespérante si le dénouement du drame n'était pas, dans l'avenir, caché pour les aveugles, visible à des yeux clairvoyans. A l'exemple général, le but de la révolution, manqué ou éloigné, la garde nationale aussi a été distraite de sa route; et par un accident fatal, au lieu de rester invariablement fidèle au principe de juillet, elle s'est trouvée rangée sous les lois d'un pouvoir hostile à ce même principe, et une fois engagée dans cette voie sa marche a été rapide : elle a pris sa part d'erreurs et d'ignorance du présent; elle a accepté une sorte de position aristocratique presque entièrement en dehors du peuple, et certainement toute contraire aux intérêts des idées libérales; elle s'est irritée, et on s'irrite toujours quand on est déplacé; elle ne s'est point mise en garde contre des calomnies versées sur les hommes de juillet; elle a fait scission avec eux, et, car on va vite en temps de crise, elle est devenue, il faut le dire, l'ennemie de ces mêmes hommes qu'il y a à peine un an elle regardait comme des héros, comme les libérateurs de la patrie.

Et pourquoi ce changement? est-ce bien le peuple qui la provoqué? et qu'a-t-il fait le peuple, à moins que, comme les calomniateurs et les niais, vous ne vouliez l'accuser de projets de pillage, lui qui a tenu vos fortunes entre ses mains puissantes et victorieuses, lui qui a imposé silence à ses besoins et aux tentations de la misère, et qui s'est montré si pur et si désintéressé! lui qui demande à travailler, et qu'un pouvoir sans prévoyance et sans pitié chasse au milieu de l'hiver des ateliers qu'il semblait avoir ouverts pour long-temps *! lui qui meurt de faim aux portes de nos sinécuristes gorgés d'or, et que le vil traitant, Turcaret voleur à la Bourse, trans-

---

* On appela des ouvriers aux travaux du Champ-de-Mars; on les y garda quelques jours par peur, sans projet arrêté, sans plan convenable, sans ordre. Qu'arriva-t-il? ces travaux sont restés plus qu'incomplets. Est-ce la faute des ouvriers? non, certes, mais bien la faute de ceux qui les employaient; car un atelier ouvert sur l'avenue de Trudaine, barrière des Martyrs, et conduit par un ancien officier, M. C. Saint-S., renfermait deux mille hommes qui s'étaient soumis à une discipline parfaite, et là, sur la demande de cet officier, on ne s'était servi ni de dragons, ni de gardes nationaux, comme au Champ-de-Mars, où toutes ces mesures, qui n'étaient nullement justifiées, indisposaient et troublaient les ouvriers; et un beau jour, ou, pour mieux dire, un jour de dureté et d'imprévoyance, on renvoya et les ouvriers de l'avenue de Trudaine qui faisaient bien, et les ouvriers du Champ-de-Mars qui ne demandaient qu'à bien faire.

formé en brillant officier, frappe de son sabre dans ces rues que lui peuple, lui pauvre, lui seul dépava au jour du danger et du courage!

A moins encore que vous ne lui imputiez à crime de s'agiter dans les émeutes, ne savez-vous pas, ne voudrez-vous pas savoir que même une révolution parfaitement accomplie laisse après elle, pour plus ou moins de temps, des germes de trouble, et qu'une révolution qu'on a voulu étouffer et qui se remue dans ses entraves ne vous laissera pas plus de repos que le volcan dont vous chercheriez à fermer le cratère?

Mais, pour nous expliquer sur cette question toute d'actualité, on se méprend étrangement sur le caractère et la nature de ces émeutes; on veut y voir un ressort mis en jeu par tel ou tel parti; mais aucun parti n'est assez imprudent et inconsidéré pour aller s'user dans des mouvemens jusqu'à présent inutiles; et puis montrez-moi donc les comités-directeurs qui, au jour convenable, suscitent ainsi le peuple à leur gré et le mettent en effervescence? Les émeutes sont l'expression de la souffrance qui est partout et qui ne diminue point, mais qui s'accroît encore: éruptions brûlantes, spontanées, qui jaillissent d'un corps malade, et se succèdent pour attester que la vie et le mal sont encore là, jusqu'à ce que la grande crise soit opérée. Et s'étonner que, dans notre situation politique, la place publique ait ses mouvemens si imprévus, si fréquens et si animés, vouloir que chacun se tienne à sa place, tranquille et résigné; tandis que le sol remue et que les convulsions se font sentir, c'est dire à l'homme qu'agite la fièvre : « Soyez calme ! tout va bien »; pourquoi vous plaindre? Il n'est pas vrai que vous soyez en souffrance ; car nous ne souffrons pas nous-mêmes. »

La garde nationale, par une inconcevable distraction, a détourné les yeux de ce qui se passe autour d'elle, et s'est aveuglément confiée à l'influence des hommes intéressés à fausser son rôle, et à la faire servir à leurs projets mesquins et liberticides; elle les suit et les seconde, ces hommes petits et trop vieux pour ne pas être brisés sous les efforts qu'ils font pour contenir une nation qui se régénère et qui veut rajeunir; hommes dont toutes les prévisions sont en défaut, et dont ce qu'ils appellent *leur expérience* n'est que routine; nains sans vigueur en face d'une puissance contre laquelle ils ne font rien et qui les pousse et les entraîne; et cette puissance ne se manifeste pas à leurs yeux débiles sous une forme qu'ils puissent comprendre et mesurer dans toute sa hauteur ! elle agite les esprits et les domine; elle est plus forte que les canons et les baïonnettes; elle défie les rois et les renverse; elle est persévérante, car le succès lui est assuré; et cette puissance, c'est l'opinion. L'opinion les tue, ces hommes du pouvoir; elle les attaque et les presse de toutes parts; ici menaçante et debout, ne voulant aucun pacte, inflexible, républicaine; là, timide encore, s'étonnant d'eux et de leur existence sans couleur, et ne leur laissant qu'un jour pour se raviser; ailleurs, inquiète, active, diverse, grossissant la peur et les incertitudes, et semant partout un de ces signes qui ne trompent pas, une appréhension vague des choses de l'avenir dont l'influence se fait sentir à chacun.

Et voyez où nous allons!

Dans ces circonstances, la garde nationale qui, par sa nature, sa force, sa masse, devrait représenter les volontés du peuple et exprimer ses besoins, se refuse à son rôle et persévère dans ses voies erronées.

Dans une occasion récente et solennelle, de royales paroles sont venues fort mal à propos nous surprendre et nous inquiéter. Quoi! la garde nationale n'est donc plus considérée que comme corps armé inhabile à exprimer même des vœux! La souveraineté du peuple est donc chose si vaine qu'une partie de ce peuple ne peut dire de quoi il a besoin. Eh bien! soyez francs, au moins, et allez autrement à votre but : rétablissez le droit divin, faites à ces milices que par dérision sans doute on appelle *citoyennes* une éducation toute soldatesque, et remettez en vigueur la puissance du sabre; faites-vous une garde prétorienne qui sera plus opiniâtre que celle qui tomba aux jours de juillet, et pourtant ne vous sauvera ni des révoltes, ni des conspirations, ni de la mort.

Et vraiment, ce sont là des pensées que beaucoup de gardes nationaux encouragent sans s'en douter ; il y en a à qui il suffit de se voir revêtus d'un uniforme pour se croire obligés à une obéissance passive que, pour être juste, il ne faut plus reprocher à l'ex-garde royale. Les petites idées trouvent place partout : à côté d'un garde national que le *Journal des Débats* fait périodiquement frissonner d'épouvante en évoquant le fantôme de 93, et qui tuera par peur, il s'en trouve d'autres pour qui c'est l'affaire de vanité et d'amusement. *Fashionables* du pas de charge qui partent d'un salon brillant, et promettent en fredonnant, à de jolies dames qui sourient, de faire main basse sur ces prolétaires, parias de notre civilisation dorée.

De petites causes sortent souvent de grands effets : cette coquetterie de l'uniforme a introduit une sorte d'esprit militaire qui pousse certains hommes à se montrer rudes et sans pitié. « Nous avons sabré, disent-ils ; notre compagnie a fait admirablement un quart de conversion, et nous avons dissipé, la baïonnette en avant, cette foule d'enfans et de femmes. » Et ils ensanglantent leurs mains en ajustant leurs épaulettes avec grâce, et ils ne veulent pas comprendre que les grands hommes de la Convention aient été inflexibles pour des principes sacrés!

Et cette soif des décorations dont on fait une si abondante curée! et ces renonciations, ces modestes refus en assemblée générale, pour aller le lendemain, chacun de son côté, mendier son ruban, et demander de l'honneur dans une pétition rampante!

Les derniers troubles dont Paris a été le théâtre nous donnent la mesure de ce que l'avenir nous réserve inévitablement. Il y a quelques mois, il suffisait à la garde nationale, en cas d'émeute, de se montrer et de demander le calme; elle agissait avec modération; elle n'avait pas oublié qu'elle passait toute armée au milieu de concitoyens sans défense; aujourd'hui le sang a coulé: qu'importe le nombre des morts! le fait est là. Et je vous le demande, pourquoi a-t-on tué?... y avait-il combat, lutte?... Non, certes, car nul n'a été assez fou pour se ruer à lui tout seul, sur une troupe de vingt mille hommes. Eh quoi! on ne vous a pas résisté, ou si l'on vous a résisté ce n'a été que l'acte d'un individu isolé, et vous avez frappé à mort!... Sur le champ de bataille, l'ennemi fait prisonnier est respecté; et vous, tenant en vos mains un compatriote, votre colère s'est encore exaspérée : singulières aberrations! Vous avez érigé une sorte de tribunal; vous avez accusé, vous avez puni sans entendre; vous avez été juges, partie, acteurs, et acteurs passionnés ! Vous avez oublié que partout la personne d'un citoyen en état d'arrestation est sacrée, que les lois le réclament et que désormais à elles seules il appartient; que le violenter c'est déchirer la loi; que porter la main sur lui, lui seul et enchaîné, c'est acte de lâcheté ou de frénésie!... Et puis, si votre concitoyen n'en est pas mort, vous l'avez livré aux geôliers pour que, après six mois de captivité, les magistrats décident que cet homme est innocent et qu'il y a eu erreur! erreur de sang et d'oppression !...

Prenez-y garde! voulez-vous accroître encore la fureur de ces tempêtes qui grondent et menacent autour de nous?... Que peuvent les rois, que pouvez-vous, fussiez-vous encore cent mille, contre la tendance imprimée à l'esprit des hommes, et je parle des hommes forts et véritablement éclairés.... Ainsi que dans les lois physiques, il y a dans la marche de la civilisation, et dans les progrès de l'intelligence des peuples, des nécessités et des moyens qui triomphent de tous les obstacles, et dont les résultats sont inévitables. Éclairez-vous et sachez-le bien, on vous l'a dit, si la république vient à nous, elle vient non pas avec ce cortége dont on l'entoure pour vous faire peur, ainsi que la nourrice qui débite aux enfans ses contes à apparitions lugubres; elle vient comme une condition de notre situation sociale, comme la conséquence toute naturelle de notre éducation politique; d'autant moins à redouter que ses victoires seraient plus faciles, et que tout ce qui se fait lui aurait préparé des voies larges et prospères.

Et vraiment, vous en seriez convaincus, c'est une belle chose que la république! dans les temps de vertu, pour maintenir les saines traditions; aux jours de décadence. aux jours où nous sommes, pour arrêter par la sévérité des lois, par la répression forcée d'un luxe insultant, par un frein imposé à la corruption, le débordement des vices, cette fureur de grasses sinécures, cette basse passion de fantaisies et de hochets de servilisme qui feraient mourir une nation comme un homme meurt d'une maladie honteuse. Ainsi donc, à moins que la France ne soit destinée à servir de théâtre à des luttes sanglantes, à des guerres civiles, sans repos et sans fin, on ne peut s'expliquer cet esprit de vertige qui s'est emparé de plusieurs de nos concitoyens, et les jette ainsi dans des chemins au bout desquels il y a désolation et abîme. Si jamais deux drapeaux s'élèvent et se combattent, l'un porté par les hommes qui veulent être libres, et qui, pour être libres, ont fait la révolution de juillet; l'autre par ceux qui travaillent à nous ramener au despotisme de l'empire et aux misères de la restauration, la victoire ne sera pas long-temps indécise, car nous savons ce que peut la volonté du peuple. Et si on nous

pousse sur ce terrain orageux ; eh bien ! que l'a-
nathème en retombe sur ceux qui auront fermé
les yeux, et qui se seront passionnés pour ce qui
n'a et ne peut avoir en soi ni justice, ni force,
ni durée !

IMPRIMERIE DE A. BARBIER,
Rue des Marais S. G., n. 17.